ぷっくりクッキーと
かわいい焼き菓子たち

mocha mocha

KADOKAWA

はじめに

この本を見つけてくれて、ありがとうございます。

こんにちは、mocha mochaです。

私は普段、かわいいお菓子を考えてつくってみたり、
Youtubeにレシピ動画をアップしてみたり、
かわいい絵を描いたりして、活動しています。

かわいいお菓子といえば、
「バーチ・ディ・ダーマ」というイタリア語で"貴婦人のキス"という名の
ちょっぴり雪だるまみたいな形をしたクッキーを目にしたとき、
これに手や足をつけたら"くま"になりそうだなと思い、
何度も試作してできたのが、どうぶつスノーボールクッキーです。

ほかにも、この本ではかわいいクッキーたちや、
キュートでかんたんにつくれちゃう焼き菓子が、
おもちゃ箱からとび出してきたみたいにたくさん紹介されています。

難しい技術も特別な道具もほとんど必要なくつくれ、
透明な袋で包むだけでも十分かわいくプレゼントできるお菓子ばかりです。
好きな音楽などを聴きながら楽しくつくって、
大切な人に贈ったり、アレンジしてみたり
おいしく食べてもらえたら、とても嬉しいです！

ぜひあなたにとって、心のいやされる一冊に
なりますように。

mocha mocha

Part 1

Snowball Cookies

ぷっくりクッキー

Part 2

Squeezed Icebox Sand Cookies

**絞り出しクッキーと
アイスボックス＆サンドクッキー**

**ぷっくりクッキーと
かわいい焼き菓子たち**
CONTENTS

Part 3

Seasonal Cookies

**季節を楽しむ
クッキーたち**

Part 4

Baked Sweets

**つくってみたい
かんたん焼き菓子**

この本の使い方

● 材料のサイズと個数は目安です。つくる人の手によってサイズも個数も多少変わります。特にp.8「どうぶつスノーボールクッキー」は、使う色によってできあがりの個数も変わってきます。

● オーブンは電気オーブンを基準にしています。ガスオーブンを使用する場合は、付属の説明書を参考にしてください。

● 焼き時間は目安です。オーブンにはそれぞれのクセがあり、同じ温度で同じ時間焼いても、焼き上がりに差がでます。途中でのぞきながら焼き時間を調整したり、焦げてしまうときはアルミホイルをかけたり、焼きムラがあるときは天板の向きを変えたりして調整してください。

● この本にでてくるクッキーの生地は下記の4種類あります。それぞれ、生地のつくり方を写真つきで解説しているページがあるので、写真解説のないクッキーはそちらも参考にしてつくってみてください。

> スノーボールの生地でつくるクッキーは、生地を量って丸めると、つくりたいサイズになります

スノーボール　▶ p.16〜を見てね!

粉糖とアーモンドパウダーを入れて、表面がつるんとなめらかになる生地をつくるよ。手で丸めて成形します!

絞り出し　▶ p.40〜を見てね!

卵白を入れて、絞り出せるゆるめの生地をつくるよ。

アイスボックス　▶ p.45〜を見てね!

卵黄を入れた生地で、冷凍庫で一度冷やしてからカットしてつくるよ。

サンドクッキーやお菓子の家の生地　▶ p.48〜を見てね!

全卵を入れた生地。普通の型抜きクッキーと同じ生地だよ。この生地はお家にある型で抜いてもいいよ!

Part 1

Snowball Cookies

ぷっくりクッキー

ぷっくりクッキーは、全部アーモンドパウダーが入った、
おいしいスノーボールクッキー生地を使ってつくるよ。
型がなくても、生地を粘土みたいにころころ丸めてつくれるの。
かわいすぎて食べられなくなりそう!?

animal cookies

どうぶつ
スノーボールクッキー

大の字、ねている子、
ふせている子、すわっている子。
いぬもねこもくまもいる！
あなたたち、
みんなかわいいね。

つくり方 ▶ p.16

bread
cookies

パン屋さんクッキー

おいしそうな焼き色！
わくわくしちゃう。
かにパン、くまパン、たこパン、
あひるパン、背中がメロンパンの
かめまでいる。
フランスパン、白パン、
あんパンもあるよ！

つくり方 ▶ p.20

doughnuts
cookies

ドーナツみたいなクッキー

ミニチュアみたいなドーナツがいっぱい！
トッピングもいろいろ、
好きなドーナツをつくってね。

つくり方 ▶ p.26

hamburger
cookies

ハンバーガー みたいな クッキー

「ハンバーガーショップへようこそ」。
バンズ、ハンバーグはクッキーで、チーズ、
トマト、レタスはガナッシュでつくるよ。

つくり方 ▶ p.28

chocolate
bath tart

お風呂に入っているみたいな
どうぶつ生チョコタルト

生チョコのお風呂に浸かって、
気持ちよさそう〜。
どうぶつは、
スノーボールクッキーなの。

つくり方 ▶ p.30

どうぶつ
スノーボールクッキー のつくり方 p.8-9

プレーン、ココア、ブラックココアの3色の生地を使って、
どうぶつの種類やポーズや色は好きな子にアレンジしてつくってね。
あまった生地は丸めて一緒に焼いちゃおう。

材料 （約3.5cm大・15ひき分）

バター … 45g	※常温にもどす
粉糖 … 30g	
アーモンドパウダー … 15g	
牛乳 … 11g	
薄力粉 … 75g	
ココアパウダー … 1g	
ブラックココアパウダー … 1g	
ブラックココアパウダー、水 … 各少々	

▶ **どうぶつの種類と生地の色**

くま　　　　いぬ　　　　ねこ

ココア
ブラックココア
プレーン

▶ **ポーズ**

大の字　　　すわる　　　ふせる　　　ねてる

1/生地をつくる

縦に
切るようにして
混ぜる

1

ボウルにバターと粉糖を入れ、泡立て器で混ぜる。

2

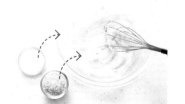

1にアーモンドパウダーと牛乳を加え、泡立て器で混ぜる。

3

2に薄力粉をふるい入れ、ヘラで粉っぽさがなくなるまで混ぜる。

2/生地に色をつける

1

生地から35gずつとり出し、それぞれココアパウダー、ブラックココアパウダー1gを混ぜる（写真はココアパウダーを混ぜたところ）。

ブラックココアも！

2

冷蔵庫で30分

ココア
ブラックココア
プレーン

ラップで包み冷蔵庫で30分冷やす。

3/形をつくる

詳しいつくり方はp.18〜19を見てね！色や形は好みの組み合わせでOK

約1.8cm あたま 5g

約1.2cm からだ 2g

〈実物大〉

生地からあたま用に5g、からだ用に2gをとって丸める。p.18〜19を参照してどうぶつの形をつくる。

4/焼く

15分過ぎたら焦げていないか見張ってね！

160℃に予熱したオーブンで18〜25分焼く。

5/顔を描く

さめたら竹串にブラックココアを少量の水で溶いたもの（右記参照）をつけて目鼻を描く。
※ブラックココアの生地の子はホワイトチョコ（分量外）を溶かして目鼻を描く。

顔の描き方

▶ 表情例

すやすや　きゃー

きょとん　やられたー

ブラックココアに水少量を混ぜる。水っぽくならないように、竹串の跡がかすかに残るぐらいが目安。竹串を使って、好きな表情を描いて。

形のつくり方

クッキングシートを敷いた天板の上で形をつくります。生地からあたま用に5g、からだ用に2g、耳・鼻など用に少々とって丸めます。生地どうしは軽くぎゅっと押しつけてつけます。p.8～9の写真を参考に、ココアを混ぜた生地で、あたまやからだ、耳、しっぽなどを自由につくって、好みのどうぶつにしてね。

〈実物大〉

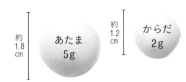

約1.8cm あたま 5g　約1.2cm からだ 2g

大の字

1

あたま
からだ

あたまとからだをつける。

> 生地をつけるときは、
> 軽くぎゅっと押しつけて

2

生地を小さく丸めて手足をつくり、からだにつける。

3

耳
鼻

耳や鼻をつくってつける。ねこは小さい三角の耳と小さい丸ふたつの鼻。

すわる

> あたまがきちんと
> 真ん中にのっていないと、
> 焼いたときに、
> からだからすべり落ちて
> しまうことがあるよ

1

からだの真ん中をくぼませ、平たくする。

2

あたま

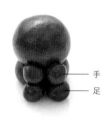

あたまをのせ、軽く押してつける。

3

手
足

生地を小さく丸めて手足としっぽをつくり、手足をからだの正面につける。

4

耳
鼻

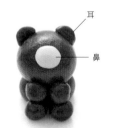

顔に耳と鼻をつける。

5

しっぽをつける。

ふせる

1

あたまとからだをつける。

からだ
あたま

2

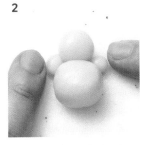

生地を小さく丸めて手足をつくり、
からだにつける。

3

しっぽをつくり、足の間につける。

好みで、
プチをつけても！

4

しずくのような形にして耳をつくる。

耳　　耳

5

あたまに耳をつけて、顔に鼻をつける。

鼻

ねてる

1

あたま
手
手　　からだ

あたまとからだをつけて、生地をだ
円に丸めて手を2つつくり、1つは
あたまの下に入れながらからだにつ
け、もう1つもつける。

2

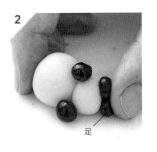

足

あと2つ生地を小さくだ円に丸めて
足をつくり、重ねてからだにつける。

3

耳
しっぽ
耳
鼻

しっぽをつくってからだにつけ、耳
をしずく形につくって顔につける。
鼻もつける。

パン屋さんクッキーのつくり方 p.10-11

途中で卵黄を塗って焼くのがポイント。

材料 （約3cm大・20個分）

バター … 30g　※常温にもどす

粉糖 … 20g

アーモンドパウダー … 10g

牛乳 … 7g

薄力粉 … 50g

卵黄 … 1個分　※卵黄と卵白の分け方はp.40参照

好みのジャム … 少々

粉糖、グラニュー糖、黒いりごま、
　ブラックココアパウダー、水 … 各少々

つくり方

1　ボウルにバターと粉糖を入れ、泡立て器で混ぜる。

2　1にアーモンドパウダーと牛乳を加え、泡立て器で混ぜる。

3　2に薄力粉をふるい入れ、ヘラで粉っぽさがなくなるまで混ぜる。

4　ラップをかけ、冷蔵庫で30分冷やす。

5　形をつくる。※p.21〜25参照。

6　160℃に予熱したオーブンで10分焼く。

7　さめたらはけで卵黄を塗る。

8　160℃のオーブンでさらに10〜15分焼く。

9　さめたら竹串にブラックココアを少量の水で溶いたものをつけて、目鼻を描く（顔の描き方p.17参照）。白パンには粉糖をかけ、ジャムパンにジャムをのせる。

生地のつくり方は
「どうぶつスノーボール
クッキー」と同じだから、
p.16〜17も参考に！

形のつくり方

クッキングシートを敷いた天板の上で形をつくります。
生地どうしは軽くぎゅっと押しつけてつけます。

〈実物大〉

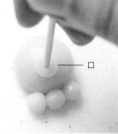

約
1.8
cm

5g

たこパン

1

生地5gを丸め、少し平たくする。

2

足

生地を小さく3つ丸め、足にしてつける。

3

口

生地を小さく丸めてのせ、竹串で穴をあけて口にする。

立っている
たこパン

1

生地を小さく丸めて足を5個つくり、並べる。

2

生地5gを丸め、足にのせる。

3

たこパンと同様に口をつけて穴をあける。

かにパン

1

生地5gをだ円にして、少し平たくする。

2

はさみ

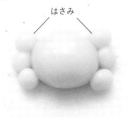

生地を小さく4つ丸めて足にする。はさみ用に少し大きめに2つ丸めてその上につける。

3

竹串で切り目を入れてはさみをつくる。

くまパン

1

生地5gを丸め、少し平たくする。

2

小さく半円形をつくり、耳の位置につける。

3

小さく丸めた生地をつけて平たくし鼻をつくる。

鼻

ねこパン、いぬパン、コアラパン、うさぎパン、全身うさぎパン

基本のつくり方は「くまパン」と同じ。耳や鼻などは、それぞれのどうぶつの特徴でつくってね

ねこパン

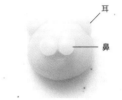

耳

鼻

生地を三角にとがらせて耳にする。小さく2つ丸めた鼻をつける。

うさぎパン

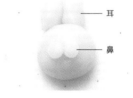

耳

鼻

顔は、ややだ円につくる。生地を細長く2つ丸め、耳にしてつける。小さく2つ丸めた鼻をつける。

いぬパン

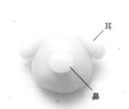

耳

鼻

小さめのしずく形を2つつけて耳にし、小さく丸めた生地で鼻をつける。

全身うさぎパン

顔は「うさぎパン」と同じ。からだは2gをだ円にして、顔につける。小さく丸めた手足をからだにつける。

コアラパン

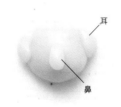

耳

鼻

くまより少し大きめに丸めた耳をつけ、少しだ円の鼻をつける。

さかなパン

1

生地5gを丸め、少し平たくする。

2

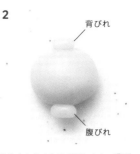

背びれ

腹びれ

生地を小さく丸めて平たくし、背び
れと腹びれをつける。

3

尾びれ

口

胸びれ

小さく2つ丸めて口に、少し大きめ
に丸めて尾びれにしてつける。胸び
れもつける。

あひるパン

1

生地を5gとって2つに分け、あた
まは丸めて少し平たくする。からだ
はだ円にしてつける。

2

生地を小さく2つ丸めてくちばしに
し、からだ少しをつまんで尾っぽに
する。

3

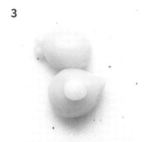

小さく丸めて、からだに羽をつける。

バナナパン

生地を5gとって4等分し、細長く
してつけ、バナナ状にする。

ぶどうパン

軸

生地を5gとって7等分し、1つは少
し細長くして軸にし、残りは丸めて
実にしてつける。

フランスパン

生地を5gとって細長くし、ナイフで5〜6か所に切り目を入れる。

あんパン

生地を5gとって丸め、少し平たくする。ごまを少々つける。

白パン

1

生地を5gとってだ円にし、少し平たくする。

2

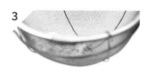

ナイフで2か所に切り目を入れる。

3

途中の卵黄は塗らないで焼く。焼き上がったら粉糖をふる。

ジャムパン

 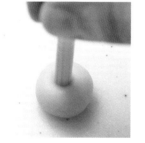

生地を5gとって丸め、真ん中に菜箸を刺して深くくぼませる。

くぼみは貫通させないように

焼き上がったらくぼみにジャムをのせてね

クロワッサン

生地5gを薄くのばして二等辺三角形にカットし、くるくると巻く。

メロンパン

1

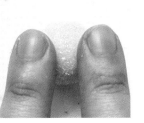

生地を5gとって丸め、グラニュー糖をつける。

2

ナイフで格子状に切り目を入れる。

卵黄は
塗らない

かめロンパン

1

生地を5gとり、3gはメロンパンにする。

2

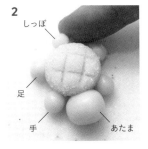

しっぽ

足

手　　　　　あたま

残り2gは丸めてあたま、手足、しっぽにする。

3

途中でメロンパン以外の部分に卵黄を塗る。

どうぶつパン

「どうぶつスノーボールクッキー」と同じ形で、途中で卵黄を塗って焼く。

「どうぶつスノーボールクッキー」の、大の字ポーズ、すわるポーズ、ふせるポーズ、ねてるポーズと同様に形をつくる（p.18〜19参照）。

ドーナツみたいなクッキーのつくり方 p.12

クッキーは「パン屋さんクッキー」(p.20)と同様に
途中で卵黄を塗ります。自由にトッピングしましょう。

クッキー生地のつくり方は
「どうぶつスノーボールクッキー」
と同じ。p.16〜17も見てね

材料 (約2.5cm大・20個分)

バター … 30g　※常温にもどす

粉糖 … 20g

アーモンドパウダー … 10g

牛乳 … 7g

薄力粉 … 50g

ココアパウダー … 1g

卵黄 … 1個分　※卵黄と卵白の分け方はp.40参照

チョコレート、ホワイトチョコレート
… 各1枚

食紅 (赤) … 少々

ココナッツロング、カラースプレー、
黒いクッキー (オレオなど)、チョコペン、
ブラックココアパウダー、水 … 各少々

つくり方

1 ボウルにバターと粉糖を入れ、泡立て器で混ぜる。

2 1にアーモンドパウダーと牛乳を加え、
泡立て器で混ぜる。

3 2に薄力粉をざるでふるい入れ、ヘラで粉っぽさ
がなくなるまで混ぜる。

4 3の生地を2等分し、一方にココアを混ぜる。

5 ラップをかけて冷蔵庫で30分冷やす。

6 形をつくる。※下記参照。

7 160℃に予熱したオーブンで10分焼く。

8 さめたらはけで卵黄を塗
り、さらに160℃のオー
ブンで10〜15分焼く。

途中で卵黄を塗るの
は、「パン屋さんク
ッキー」と同じだよ。
p.20を見てね

9 好みのトッピングをしたら完成。

形のつくり方

基本の
ドーナツ

1

生地を5gとって丸める。

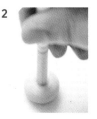

2

天板にクッキングシート
を敷いて、その上にのせ
て真ん中に菜箸の太いほ
うを刺し、しっかりと穴
をあける。

3

穴が開いたところ。穴は
貫通しなくてもOK。

ハート

生地を5gとって丸め、
竹串などで割れ目をつ
くってハート形にして
から少し平たくする。

くまドーナツ

生地を5gとって丸め、
天板にのせて少し平た
くし、生地を小さく2
つ丸めて耳をつける。

トッピングのやり方

1

好みでホワイトチョコレートをとり分けて食紅を混ぜ、ピンク色にする

耐熱容器にチョコレート、ホワイトチョコレートを細かく割り入れ、ラップをかけずに600Wの電子レンジでそれぞれ30秒加熱して溶かす。スプーンで混ぜて、しっかりと溶かす。

2

ドーナツみたいなクッキーの片面をチョコレートにつける。半がけにしてもOK。

3

チョコレートで穴がふさがったら、竹串であける。

4

好みのトッピングをする。

トッピング・ア・ラ・カルト

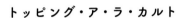

1 ハートクッキーにチョコレート&ココナッツ。

2 ココアクッキーにホワイトチョコ&カラースプレー。

3 ホワイトチョコ&くだいたクッキー。

4 チョコレート&くだいたクッキー。

5 半がけチョコレート。

6・18 ココアクッキーにチョコレート&カラースプレー。

7 ピンクに着色したホワイトチョコレート&くだいたクッキー&ココナッツ。

8 ハートのココアクッキーにホワイトチョコ&くだいたクッキー。

9 ココアクッキーの半がけホワイトチョコレート。

10 チョコレートがけ。

11 チョコレート&カラースプレー。

12 ホワイトチョコレート&チョコペン。

13 ピンクに着色したホワイトチョコレート&くだいたクッキー。

14 ココアクッキーにホワイトチョコレート&カラースプレー。

15 ココアクッキーのチョコレートがけ。

16・17 くまクッキー。しろくまはブラックココアを水で溶いたもの、茶色のくまはホワイトチョコで、竹串を使って顔を描いて。

19 チョコレート&ココナッツ。

20 ココアクッキーに半がけチョコレート&くだいたクッキー。

ハンバーガーみたいなクッキー のつくり方 p.13

バンズとハンバーガー部分のクッキーを焼き、レタスやトマト、
チーズになるガナッシュを使って貼りあわせます。

> クッキー生地のつくり方は
> 「どうぶつスノーボールクッキー」
> と同じ。p.16〜17も見てね

材料 （約高さ3cm・15個分）

▼バンズとハンバーガー用クッキー

バター … 30g ※常温にもどす

粉糖 … 20g

アーモンドパウダー … 10g

牛乳 … 7g

薄力粉 … 50g

ココアパウダー … 1g

白いりごま … 少々

卵黄 … 1個分

ブラックココアパウダー、水 … 各少々

▼レタスとトマトとチーズ用ガナッシュ （つくりやすい分量）

ホワイトチョコレート … 1枚

生クリーム … 20g ※常温にもどす

食紅 (赤、黄、緑) … 各少々

クッキーのつくり方

1 ボウルにバターと粉糖を入れ、泡立て器で混ぜる。

2 1にアーモンドパウダーと牛乳を加え、泡立て器で混ぜる。

3 2に薄力粉をふるい入れ、ヘラで粉っぽさがなくなるまで混ぜる。

4 3の生地から30gとり出し、ココアを混ぜる。

5 ラップをかけて冷蔵庫で30分冷やす。

6 形をつくる。ハンバーグ部分は、4の生地を2gとって丸め、クッキングシートを敷いた天板にのせて平たくし、真ん中を指で軽く押す。

7 バンズ部分は、4の残りの生地を3gとって丸め、天板にのせて少し平たくする。上にのせる部分の表面に、ごまを散らし、はがれないように押す。

> どうぶつのバンズは、
> 生地を小さく丸めて
> 耳と鼻をつける

8 160℃に予熱したオーブンで10分焼く。さめたらバンズ部分の表面にはけで卵黄を塗り、160℃のオーブンで10〜15分焼く。

> 焼き上がったら竹
> 串にブラックココ
> アを少量の水で溶
> いたものをつけ、
> 目鼻を描く（顔の
> 描き方p.17参照）

▶ クッキーでつくるもの

ごまバンズ(上)　どうぶつバンズ(上)　ハンバーグ

バンズ(下)　　　バンズ(下)

▶ ガナッシュでつくるもの

レタス　チーズ

トマト

トマト
レタス
チーズ

ガナッシュのつくり方

1

耐熱容器にホワイトチョコレートを細かく割り入れ、ラップをかけずに600Wの電子レンジで30秒加熱し、スプーンで混ぜてしっかり溶かす。

2

生クリームを混ぜてガナッシュをつくる。

3

赤、黄、緑の食紅に**2**を加えて混ぜる。

4

3色のガナッシュができたら、ハンバーガーにする。

ハンバーガーにする方法

1

ハンバーグをはさんだときにはみ出さないように、このくらいで

下になるバンズの裏側に好みの色のガナッシュを塗る。

2

ハンバーグではさみ、冷蔵庫で5分冷やして固める。

3

上になるバンズに違う色のガナッシュを塗り、**2**にのせる。

4

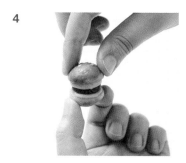

冷蔵庫で5分冷やして固める。

お風呂に入っているみたいな
どうぶつ生チョコタルト のつくり方 p.14-15

市販のミニタルト台に生チョコを注いで、
どうぶつスノーボールクッキーと同じどうぶつを浮かべます。

クッキー生地のつくり方は
「どうぶつスノーボールクッキー」
と同じ。p.16～17も見てね

クッキーの材料 （9ひき分）

バター … 15g　※常温にもどす

粉糖 … 12g

アーモンドパウダー … 5g

牛乳 … 4g

薄力粉 … 25g

ココアパウダー、ブラックココアパウダー、
　食紅（赤）… 各少々

生チョコタルトの材料
（約直径4cm・9個分）

チョコレート … 50g
　（または、ホワイトチョコレート50g+食紅少々）

生クリーム … 50g　※常温にもどす

ミニタルト（市販品）… 1袋（9個）

ブラックココアパウダー、水 … 各少々

クッキーのつくり方

1 ボウルにバターと粉糖を入れ、泡立て器で混ぜる。

2 **1**にアーモンドパウダーと牛乳を加え、泡立て器で混ぜる。

3 **2**に薄力粉をふるい入れ、ヘラで粉っぽさがなくなるまで混ぜる。

4 ラップをかけて冷蔵庫で30分冷やす。

5 形をつくる。※p.31参照。

6 クッキングシートを敷いた天板に**5**をのせ、160℃に予熱したオーブンで18～25分焼く。

色をつける場合は、生地にココアパウダーを少しずつ加えながら色を調整してね

形のつくり方

からだのつくり方

1 生地を5gとって丸め、生地少々でつくった耳と鼻をつけ、あたまをつくる（あたまのつくり方はp.18〜19参照）。

2 手と足を小さく36個丸める。

3 手を顔の下に2個つける。足は丸めたまま焼く。

手　　手

足　　足

手と足は
こんなに小さい

飾りのつくり方（リボン、ハート）

1

生地に食紅少々をもみ込む。

2

リボンは小さな丸を3つをつくってつける。
ハートは小さな丸2つをしずく形にして
くっつけて、ハート形にする。

3

リボンはあたまに、ハートは手の間につける。

生チョコタルトのつくり方

1

耐熱容器にチョコレートを細かく割り入れ、ラップをかけずに600Wの電子レンジで30秒加熱し、スプーンでなめらかになるまで混ぜる。

2

生クリームを加える。

3

なめらかになるまで混ぜる。

4

ミニタルトに約11gずつ入れる。

5

あたま、手、足をバランスよくのせる。

6

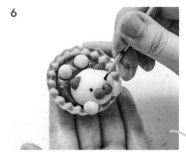

少量の水で溶いたブラックココアで顔と肉球を描き（顔の描き方p.17参照）、冷蔵庫で1時間冷やす。

できあがり！

32

Part 2

Squeezed
Icebox
Sand Cookies

**絞り出しクッキーと
アイスボックス＆サンドクッキー**

さっくり食感の絞り出しクッキーと、
しっかり生地でつくるアイスボックスクッキーとサンドクッキー。
このちょっぴりレトロな雰囲気がかわいいの。

squeezed cookies

いろいろ絞り出しクッキー

生クリームを絞る袋に
クッキー生地を入れて、
いろんな形に絞るよ。
プードル、テリア、
うさぎもいるね。
ハートやしかくもかわいい！

つくり方 ▶ p.40

animal
icebox
cookies

いろんな顔の
どうぶつアイスボックスクッキー

棒状にのばしたクッキー生地を
切って、同じ形のクッキーが
いっぱいつくれるから、
いろんな表情をつけて
楽しんじゃおう。
笑っている子、ねている子、
こまっている子…。

つくり方 ▶ p.45

love letter
sand cookies

ラブレター ♡ サンドクッキー

くり抜いたハートからのぞく、
真っ赤なジャムがキュート。
のばした生地をナイフでカットするから
型いらずでかんたん！ つくり方 ▶ p.48

flower heart round
icebox cookies

お花・ハート・まるのアイスボックスクッキー

お花も、ハートもまるも、金太郎あめみたいに
同じ形がいっぱいつくれるよ。
まるにはドライフルーツを
入れました！

つくり方 ▶ p.50

いろいろ絞り出しクッキーのつくり方 p.34-35

口金をつけた絞り袋に、やわらかめのクッキー生地を入れて、
どうぶつなど好きな形に絞り出して焼きます！

材料 （約3.5cm大・20個分）

バター … 45g　　※常温にもどす

粉糖 … 20g

卵白 … 8g

薄力粉 … 55g

黒いりごま、オレンジピール、
　ドレンチェリー … 各少々

▶ **卵黄と卵白の分け方**

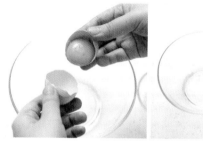

卵にひびを入れて、器の上で2つに割り、白身を器に落とす。
黄身を殻に交互に入れながら白身を全部落とす。

1/生地をつくる

1

ボウルにバターと粉糖を入れ、泡立て器で混ぜる。

2

1に卵白を加え、泡立て器で混ぜる。

3

2に薄力粉をふるい入れ、ヘラで粉っぽさがなくなるまで混ぜる。

4

絞り袋に口金（花形・口径5mm・5切）をつけて、
生地を入れる。天板にクッキングシートを敷く。

$\dfrac{2}{}$ 形をつくる

天板に、生地を絞り出しながら形をつくる。

詳しくは
p.42 〜44を
見てね

$\dfrac{3}{}$ 焼く

180℃に予熱したオーブンで10〜12分焼く。

▶ 形の種類

プードル　　　　　プードル

テリア　　　　　うさぎ

キャバリア　　　　しかく

リボン　　　　レトロなまる形

ハート　　　　小さいハート

どうぶつの「顔」のつくり方は同じ。キャバリアを参考に絞ってね。

キャバリア

1

約2.5cm

顔

外側から内側に向けてぐるぐると絞る。

2

口

顔の下側に外側から中央に向けて短く2つ絞る。

3

耳

顔の両側に波のように絞る。

4

表情

ごまで目鼻をつける。

竹串の先に水をつけて
ごまをつけるとラク！

プードル（2種）

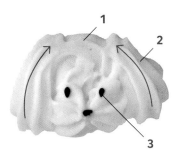

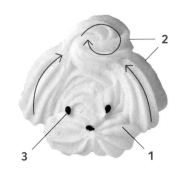

1 「顔」と「口」はキャバリアと同じ。

2 顔の横に下から上に向けて、少し長めに絞って耳をつくる。
もう1匹は、さらにあたま部分に小さく円を描くように絞る。

3 ごまで目鼻をつける。

テリア

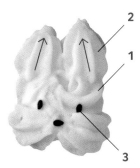

1 「顔」と「口」はキャバリアと同じ。

2 顔の上に短く、上に向けて絞り、耳をつくる。

3 ごまで目鼻をつける。

うさぎ

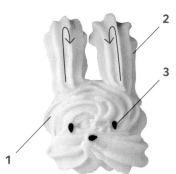

1 「顔」と「口」はキャバリアと同じ。

2 上に向けて長く絞り、少し折り返して絞って耳をつくる。

3 ごまで目鼻をつける。

くま

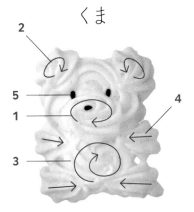

1 「顔」はキャバリアと同じ。
口は小さく丸く絞る。

2 顔の横に小さく丸く絞って耳をつくる。

3 顔の下にからだを丸く絞る。

4 手と足を、外側からからだに向かって絞る。

5 ごまで目鼻をつける。

しかく

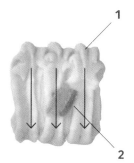

1 3本そろえて絞り、手でふち
を整える。

2 刻んだオレンジピールを飾る。
オレンジピールの代わりにド
レンチェリーでもOK！

レトロなまる形

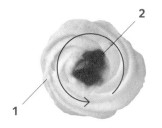

1 円をぐるりと絞り、穴をうめ
るように薄く絞る。

2 ¼にしたドレンチェリーを
飾る。

小さいハート

1 中心から上へ左右に短く絞り、
ハート形にする。

ハート

 →

1 片側を、上の内側から下
に向けハート形にぐるり
と絞る。

2 左右対称に反対側も絞る。
中心に刻んだドレンチェ
リーなど飾っても！

リボン

 →

1 ∞の形に絞る。

2 次に下から上に八の字に
絞る。

3 結び目に刻んだドレンチ
ェリーをのせる。

いろんな顔の
どうぶつアイスボックスクッキーのつくり方 p.36-37

棒状に細長くのばした顔と耳の生地をくっつけてカットすると、
同じ顔がいっぱいつくれます！

材料 （約直径3cm大・15個分）
※分量は1種類分です

バター … 40g	※常温にもどす
砂糖（上白糖）… 30g	
卵黄 … 5g	※卵黄と卵白の分け方はp.40参照
アーモンドパウダー … 15g	
薄力粉 … 65g	
ココアパウダー … 5g	
ブラックココアパウダー … 1g	
ブラックココアパウダー、水 … 各少々	

アイスボックスクッキーって？

棒状に成形した生地を一度冷やして
固めてから、金太郎あめのようにカ
ットして形をつくるクッキーのこと
です。

1 / 生地をつくる

1

ボウルにバターと砂糖を入れ、泡立て器で
混ぜる。

2

1に卵黄を加え、泡立て器で混ぜる。

3

2にアーモンドパウダーを加え、
泡立て器で混ぜる。

2／形をつくる

3に薄力粉をふるい入れ、ヘラで粉っぽさがなくなるまで混ぜる。

詳しいつくり方は下記参照。形ができたらラップで包み、冷凍庫で30分冷やす。冷凍庫から出して3〜4分たったら7mm厚さにカットする。

形のつくり方

くまと白くま

1

くまは鼻の分を5gとり分け、残りの生地にココアパウダー5gを加え、ヘラで混ぜる。※白くまはココアパウダーを入れなくてOK。

2

耳
顔

生地を⅓(耳になる)と⅔(顔になる)に分ける。

3

顔
3cm
耳

⅔を直径3cm、長さ15cmにのばす。⅓は2つに分けて、同じ長さになるように丸くしてのばす。

4

顔の両脇に耳をつけて、ラップで包み、冷凍庫で30分冷やす。

5

冷凍庫から出し、3〜4分たったら7mm厚さに切る。

6

1でとり分けたプレーン生地を小さく丸め、鼻部分として表面に軽くぎゅっと押して貼りつける。

3 / 焼く

天板にクッキングシートを敷いて生地をのせ、170℃に予熱したオーブンで12〜15分焼く。

4 / 顔を描く

いろんな表情を描こう!

さめたら竹串にブラックココアを少量の水で溶いたものをつけて目鼻を描く(顔の描き方p.17参照)。

いぬ

鼻用5gをとり分けて、残りの1/5(耳用)にブラックココア1gを混ぜる。

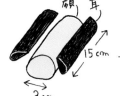

顔はだ円に、耳は半分にして半円形にのばす。顔に耳をつけてラップで包んで冷凍庫で30分冷やす。

冷凍庫から出して3〜4分たったら7mm厚さに切る。

小さく丸めて鼻をつける。

ねこ

鼻用5gと残りの1/5(耳用)にココアパウダー2gを混ぜる。

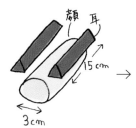

顔はだ円に、耳は半分にして三角形にのばす。顔に耳をつけてラップで包んで冷凍庫で30分冷やす。

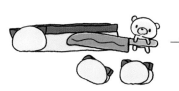

冷凍庫から出して3〜4分たったら7mm厚さに切る。

鼻を2つ小さく丸めてつける。

ラブレター♡サンドクッキーのつくり方 p.38

薄くのばした生地をナイフでカットして焼きます。
焼き上がったらジャムをサンド。

材料 （約5cm×3cm・8通分）

バター … 50g	※常温にもどす
粉糖 … 35g	
溶き卵 … 13g	※常温にもどす
薄力粉 … 100g	
好みのジャム … 適量	

混ざりやすいよう
3回に分けて—

1/生地をつくる

1

ボウルにバターと粉糖を入れ、泡立て器で
混ぜる。

2

1に溶き卵を3回に分けて加え、そのつど
泡立て器で混ぜる。

3

2に薄力粉をふるい入れ、ヘラで切るように混ぜなが
ら粉っぽさがなくなるまで混ぜる。

2／形をつくる

1

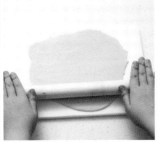

まな板の上にクッキングシートを敷き、生地をのせる。
打ち粉をしてめん棒で3mm厚さにのばす。

2

冷蔵庫で
20分

ラップをかけて冷蔵庫で20分冷やす。

このとき、生地がやわらかくなったら、そのつど冷蔵庫で冷やしてね

3

4cm×5cmくらいの大きさに包丁で切り分け、
クッキングシートを敷いた天板に並べる。

4

切り分けた生地の半量に竹串かナイフでハー
ト形をくり抜く。

5

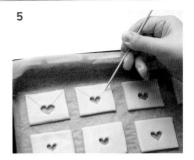

4に竹串で封筒のラインを描く。

切り分けてあまった生地は、好きな形にして一緒に焼こう！くり抜いたハートもね

3／焼く

1セット

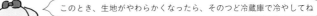

170℃に予熱したオーブンで12〜15分焼く。
写真は焼き上がったところ。

あまった生地
くり抜いた生地

4／ジャムをはさむ

さめたら、ハート形にくり抜いていないクッキーの真ん中に
ジャムをのせ、くり抜いたクッキーを重ねる。

お花・ハート・まるの
アイスボックスクッキー のつくり方 p.39

細長くのばした生地を冷凍庫で冷やしてカットする、
アイスボックスクッキーのつくり方でつくります。

> 好みで顔を描いても
> （顔の描き方はp.17参照）

> 3種類とも
> つくるときは、生地の材料を
> 3倍用意してね

材料 （約直径3cm・15個分）
※分量は1種類分です

バター … 40g　※常温にもどす

砂糖 … 30g

卵黄 … 5g　※卵黄と卵白の分け方はp.40参照

アーモンドパウダー … 15g

薄力粉 … 65g

・**まる**／ドライフルーツ（パイナップル、
　マンゴー）、ドレンチェリー … 計20g

・**お花**／食紅（黄色）… 少々

つくり方

1 ボウルにバターと砂糖を入れ、泡立て器で混ぜる。

2 1に卵黄を3回に分けて加え、そのつど泡立て器で混ぜる。

3 2にアーモンドパウダーを加え、泡立て器で混ぜる。

4 3に薄力粉をふるい入れ、ヘラで粉っぽさがなくなるまで混ぜる。

> 冷凍庫で
> 冷やしてね

5 形をつくる。※p.51参照。

6 ラップをして冷凍庫で30分冷やす。

7 冷凍庫から出し、3〜4分たったら7mm厚さに切る。

8 クッキングシートを敷いた天板に生地をのせ、170℃に予熱したオーブンで12〜15分焼く。

> アイスボックスクッキーの
> つくり方はp.45「いろんな
> 顔のどうぶつアイスボックス
> クッキー」と同じだよ。詳しく
> は、P.45〜47も見てね

お花

ハート

まる

食紅の生地

1 生地を6等分し、1つの生地に食紅（黄色）を少し加えてヘラで混ぜる。

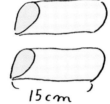

15cm

1 生地を2つに分け、それぞれ棒状にして片側の端を押さえ、しずくの形にする。

1 ドライフルーツ、ドレンチェリーは粗く刻む。

↓

↓

↓

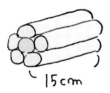

15cm

2 6つの生地をそれぞれ細長い棒状にし、黄色の生地の周りにプレーンの5つの生地をつけ、ラップで包み、冷凍庫で冷やす。

2 2つをくっつけ、ハート状にして形を整え、ラップで包み、冷凍庫で冷やす。

3cm 15cm

2 生地に加えて混ぜ、ラップの上で転がして直径3cmくらいの棒状にし、ラップで包み、冷凍庫で冷やす。

ほっと
一息

mocha mocha
喫茶メニュー

市販の材料でかんたんにつくれる、
どうぶつ喫茶メニュー！
パフェの器も100円ショップで手に入ります。
ほっと一息つきたいときに、
おうちで喫茶店気分を味わってね。

つくり方 ▶ p.54

ヨーグルト×
プリン・ア・ラ・モード

ホイップがいぬの顔なの。

バニラ・
イチゴパフェ

耳がアーモンドのいぬの
アイスクリームがのった
パフェ。

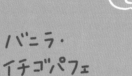

ホットケーキ

ホットケーキのお布団にねている
バターのいぬが、たっぷりはちみ
つをかぶって気持ちよさそう。

クリームソーダ
ゼリー

クリームソーダのジュースを固めてゼリーに。アイスクリームはくまだよ。

チョコ・バナナ
パフェ

濃厚そうなチョコアイスのくま！

珈琲ゼリー

いぬホイップがねている珈琲ゼリー。

ーードレンチェリー

ーホイップ

ー丸ボーロ

ーチョコスプレー

ーごま

ーメロンソーダゼリー

（グラス1杯分）

メロンソーダ 230g

粉ゼラチン 7g

クリームソーダゼリー

メロンソーダ80gを耐熱容器に
入れ、600w 40秒レンジで加熱。
粉ゼラチン7gを少しずつ入れながら
かき混ぜて溶かしたら、グラスに入れた
残りのメロンソーダにふるいを通して
入れ、混ぜる。
冷蔵庫に2〜3時間入れ冷やす。
飾りつけをして完成。

ーードレンチェリー

ーはちみつ

ーバター

ーチョコスプレー

ーごま

ーホットケーキ

MENU
・クリームソーダゼリー
・ホットケーキ
・チョコ・バナナパフェ
・珈琲ゼリー
・ヨーグルトメプリン
　ア・ラ・モード
・バニライチゴパフェ

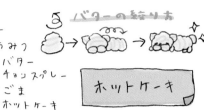

バターの絞り方

ホットケーキ

（5〜6枚分）
ホットケーキミックス 150g
卵　　　　　　　　1こ
牛乳　　　　　　　100g

卵と牛乳をよく混ぜたら
ホットケーキミックスを混ぜ、
弱火のフライパンに生地をおたまで
上の方から一気に流し、
プツプツした泡が出てきたら
裏返し、2分ほど焼いて完成。
絞り袋にバターを入れ、
ホットケーキの上に絞る。
ドレンチェリーを飾って完成。

チョコ・バナナパフェ

ー市販のビスケット

ーチョコボール

ーチョコアイス

ー丸ボーロ

ーごま

ーチョコスプレー

ーチョコホイップ

ーヨーグルト

ーバナナ

ーコーンフレーク

ーードレンチェリー

ーホイップ

ーごま

ーチョコスプレー

（グラス一杯分）

加糖コーヒー 160g

粉ゼラチン 5g

珈琲ゼリー

コーヒー50gを耐熱容器に入れ、
600w 40秒レンジにかける。
粉ゼラチン5gを少しずつ入れながら
よく混ぜ溶かしたら、グラスに入れた
残りのコーヒーに、ふるいを通して加え
混ぜる。冷蔵庫に2〜3時間入れ
冷やす。生クリームを絞り完成。

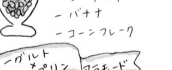

ヨーグルト
　メプリン
アラモード

ーチョコスプレー

ーごま

ーホイップ

ー市販のプリン

ードレンチェリー

ーみかんの缶詰

ーヨーグルト

ーコーンフレーク

バニラアイス ー

チョコスプレー ー

丸ボーロ ー

ごま ー

チョコホイップ ー

ヨーグルト ー

いちご ー

コーンフレーク ー

チョコホイップ ー

ー市販のクッキー

ーアーモンド

バニラ
イチゴ
パフェ

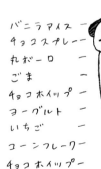

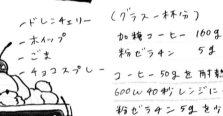

Part 3

Seasonal Cookies

季節を楽しむクッキーたち

ハロウィンやクリスマスなど、
楽しいイベントのとき焼きたくなるクッキー。
飾ったりプレゼントしたり、
つくっているときからわくわくしちゃう。

halloween
cookies

ハロウィンクッキー と
マシュマロフォンダンおばけ

ジャック・オ・ランタン。
ねこやいぬの
かぼちゃおばけもいるよ。
まほうのぼうし。黒ねこは、
きばがはえてるの。
マシュマロのおばけもつくってね。

つくり方 ▶ p.62

snowman
cookies
雪だるまクッキー

ちょっと溶けかかってしまった感じも、
またかわいいね。
「どうぶつスノーボールクッキー」(p.8)と
同じようにつくります。　つくり方 ▶ p.65

christmas
cookies
クリスマス絞り出しクッキー

サンタ、くつした、リース、ろうそく。
絞り出しでつくるからとってもやさしい雰囲気。
袋に入れて、ツリーの
オーナメントにしてもかわいいよ。　つくり方 ▶ p.66

house of cookies

お菓子の家

大きいお家と小さいお家。
全部お菓子なんて夢みたい！
自分で焼いたクッキーを組み立てて、
好きなお菓子で飾るのは
本当に楽しい！
思ったよりかんたんにつくれるよ。

つくり方▶p.68

ハロウィンクッキーと
マシュマロフォンダンおばけ のつくり方 p.56-57

おばけかぼちゃ・まほうのぼうし・黒ねこ・黒おばけかぼちゃは、
スノーボールクッキー、おばけはマシュマロです。クッキーの生地のつくり方は
「どうぶつスノーボールクッキー」(p.16) と同じです。

クッキーの材料 （約3cm大・20個）

バター … 30g　※常温にもどす

粉糖 … 20g

アーモンドパウダー … 10g

牛乳 … 7g

薄力粉 … 50g

かぼちゃパウダー … 3g

ブラックココアパウダー … 1g

かぼちゃの種 … 少々

ブラックココアパウダー、水 … 少々

ホワイトチョコレート … 少々

クッキーのつくり方

1 ボウルにバターと粉糖を入れ、泡立て器で混ぜる。

2 1にアーモンドパウダーと牛乳を加え、泡立て器で混ぜる。

3 2に薄力粉をふるい入れ、ヘラで粉っぽさがなくなるまで混ぜる。

4 生地から1gとり分け（ぼうしの丸い部分になる）、残りを半分に分け、それぞれにかぼちゃパウダーとブラックココアを混ぜる。

5 ラップをかけ、冷蔵庫で30分冷やす。

6 形をつくる。※p.63参照。

7 クッキングシートを敷いた天板に生地を並べ、160℃に予熱したオーブンで15〜18分焼く。

8 さめたら竹串にブラックココアを水で溶いたものか溶かしたホワイトチョコをつけて、目鼻を描く（顔の描き方はp.17参照）。

生地のつくり方は「どうぶつスノーボールクッキー」と同じだから、p.16〜19も参考に！

形のつくり方

おばけかぼちゃ

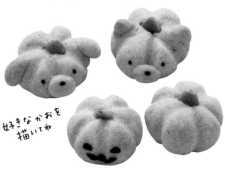

好きなかおを
描いてね

1

ねこやいぬの
おばけかぼちゃは、
耳をつける

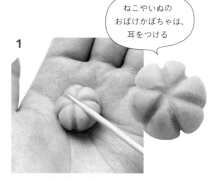

かぼちゃパウダーの生地5gを丸め
て少しつぶしてかぼちゃの形をつく
り、竹串で線をつける。

2

中心にかぼちゃの種を刺す。

まほうの
ぼうし

1

2g   3g

ブラックココアの生地2gと3g、プ
レーンな生地少しを丸める。

2

2gの生地を平たくつぶし、3gの生
地を三角すいの形にする。

3

クッキングシートを敷いた
天板の上で作業すると便利

平たい生地を置いて、その上に三角
すいをのせ、最後にプレーンな生地
をつける。

黒ねこ

ブラックココアの生地で、「どうぶつスノーボールク
ッキー」(p.16)のねこと同様に形をつくる。顔はホワ
イトチョコを溶かして竹串で描く。きばを忘れずに！

黒おばけかぼちゃ

ブラックココアを混ぜた生地で、「かぼちゃ」と同
様に形をつくる。顔はホワイトチョコを溶かして
竹串で描く。

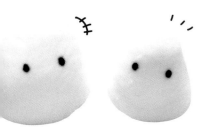

マシュマロ
フォンダンおばけの材料

（約大3cm、小2cm・10ぴき分）

マシュマロ … 30g

水 … 5g

粉糖 … 55g

ブラックココアパウダー、水
　… 各少々

1

マシュマロと水を耐熱容器に入れ、ふんわりラップをして600Wの電子レンジで30秒加熱する。

2

ヘラでなめらかになるまで混ぜる。

3

粉糖を加えてよく混ぜる。まとまったらラップをして冷蔵庫で30分冷やす。

4

粉糖を打ち粉にしてとり出し、さらにたっぷりの粉糖でまぶす。

手につきやすいから、たっぷりまぶして

5

おおきいおばけ用10g、ちいさいおばけ用5gをちぎってしわがなくなるまで丸めておばけの形に整える。

6

形ができたら、ブラックココアを水で溶いて、目を描く（顔の描き方 p.17参照）。

雪だるまクッキーのつくり方 p.58

クッキー生地とどうぶつの顔の形のつくり方は、
「どうぶつスノーボールクッキー」(p.16)と同じです。

材料 （約3.5cm大・15ひき分）

バター … 45g　※常温にもどす

粉糖 … 35g

アーモンドパウダー … 15g

牛乳 … 11g

薄力粉 … 75g

チョコスプレー、ブラックココアパウダー、
　水 … 各少々

食紅（赤）… 少々

つくり方

1 ボウルにバターと粉糖を入れ、泡立て器で混ぜる。

2 1にアーモンドパウダーと牛乳を加え、泡立て器で混ぜる。

3 2に薄力粉をふるい入れ、ヘラで粉っぽさがなくなるまで混ぜる。ぼうしと鼻用にごく少量生地をとって、食紅少々を混ぜる。

4 ラップをかけて冷蔵庫で30分冷やす。

5 形をつくる。※下記参照。

 どうぶつの顔にする場合p.16〜19の「どうぶつスノーボールクッキー」と同様につくる

6 160℃に予熱したオーブンで18〜25分焼く。

7 さめたら竹串にブラックココアを水で溶いたものをつけて目鼻を描く（顔の描き方p.17参照）。

形のつくり方　クッキングシートを敷いた天板の上で形をつくります。

1

からだ　あたま
4g　　5g

生地をからだ用4g、あたま用5gとって丸める。

2

からだ用の生地を少しつぶして、中心にくぼみをつける。

3

チョコスプレーを2個、手にしてつける。

4

あたまをのせる。好みでどうぶつの顔にしたり、ぼうしをかぶせたり、鼻をつけたりする。

クリスマス
絞り出しクッキー のつくり方　p.59

生地のつくり方は
「いろいろ絞り出しクッキー」(p.40) と同じです。

食紅の量を少なくすると、
薄いピンクに
食紅はごく少量から入れて、
好みの色にしてね

材料 (約4.5〜5cm大・20個分)

バター … 45g　※常温にもどす

粉糖 … 20g

卵白 … 8g　※卵黄と卵白の分け方はp.40参照

薄力粉 … 55g

食紅 (赤) … 少々

黒いりごま … 少々

ミックスゼリー … 少々

つくり方

1　ボウルにバターと粉糖を入れ、泡立て器で混ぜる。

2　1に卵白を加え、泡立て器で混ぜる。

3　2に薄力粉をふるい入れ、ヘラで粉っぽさがなくなるまで混ぜる。生地の半量に食紅少々を混ぜてピンクの生地をつくる。

4　3のプレーンとピンクの生地をそれぞれに口金(花形・口径5mm・5切)をつけた絞り袋に入れる。

5　クッキングシートを敷いた天板の上に生地を絞り出して形をつくる。※p.67参照。

6　180℃に予熱したオーブンで10〜12分焼く。

サンタクロース

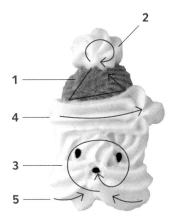

くつした

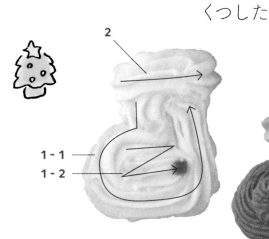

1 食紅を混ぜた生地で三角に絞って帽子をつくる。

2 プレーン生地でボンボンを小さく丸く絞る。

3 顔を外側から内側に丸く絞る。

4 プレーン生地で帽子と顔の境目に横に1本絞って帽子の折り返しをつくる。

5 ヒゲを絞る。

6 ごまで目、鼻をつける。

1 食紅を混ぜた生地またはプレーン生地でくつしたの形にふちをぐるりと絞り、中はうめるように絞る。

2 プレーン生地でくつしたの上部に横に1本線を絞る。

3 好みでミックスゼリーをつける。

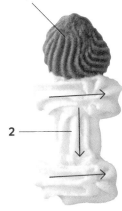

ろうそく

1 火の部分を、食紅を混ぜた生地で下から上に炎の形になるように絞る。

2 プレーン生地でろうそく部分を縦に絞り、上下に横の線を絞る。

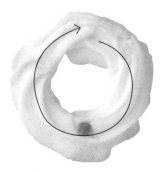

リース

丸くぐるっと絞って、好みでミックスゼリーをつける。

お菓子の家のつくり方 p.60-61

生地のつくり方は「ラブレター♡サンドクッキー」(p.48) と同じです。
アイシングをのりにしてお家を組み立てて、
好きなお菓子を飾りましょう。

大きいお菓子の家の材料
（約幅12×高さ10cm・1軒分）

バター … 82g　※常温にもどす

粉糖 … 60g

溶き卵 … 22g　※常温にもどす

薄力粉 … 175g

アイシング用／粉糖 … 50g、水 … 5g

グミ、クッキー、ビスケット、
　ジェリービーンズ　など … 適量

リボン

小さいお菓子の家の材料
（約幅7.5×高さ5cm・3軒分）

バター … 75g　※常温にもどす

粉糖 … 55g

溶き卵 … 18g　※常温にもどす

薄力粉 … 150g

アイシング用／粉糖 … 50g、水 … 5g

グミ、板チョコ、ビスケット、
　ジェリービーンズ、キャンディ　など
　… 適量

リボン

つくり方

1　ボウルにバターと粉糖を入れ、泡立て器で混ぜる。

2　**1**に溶き卵を3回に分けて加え、そのつど泡立て器で混ぜる。

3　**2**に薄力粉をふるい入れ、ヘラで粉っぽさがなくなるまで混ぜる。

4　まな板の上にクッキングシートを敷き、**3**の生地をのせる。

5　めん棒で**4**を3mm厚さにのばし、ラップをかけてまな板ごと冷蔵庫で20分冷やす。

6　生地の上に型紙をのせてカットしてパーツをつくる。型紙はp.71参照。

このとき、生地がやわらかくなったら、そのつど冷蔵庫で冷やして

生地の上に型紙をのせて（描いた線が生地につかないように注意！）、ナイフか包丁でカットする。扉や窓部分は、好きな形でくり抜いてください。

7　クッキングシートを敷いた天板に並べ、170℃に予熱したオーブンで15〜20分焼く。

8　さめたら、お家を組み立てて、好きなお菓子をつける。※お家の組み立て方はp.69参照。お菓子の飾り方はp.70参照。

お家の組み立て方

▶ アイシングの用意

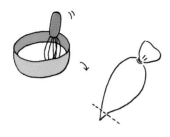

粉糖50gに水5gを加え、混ぜる。
絞り袋に入れて、先を少しカットして使います。

▶ 大きいお家のパーツ

うしろ面
壁　　　　　屋根
壁　　正面　　屋根

1

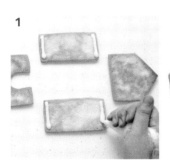

壁のクッキーの裏側の両端にアイシングを塗り、正面と
うしろ面を貼って立体にする。固まるまで待つ。

2

屋根がつく部分にアイシングを塗る。

3

屋根を貼り付ける。固まるまで待つ。

小さいお家の場合

▶ パーツ

うしろ面　　　壁

正面　　　　壁

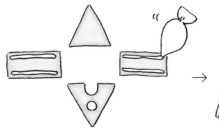

屋根の両脇にアイシングを塗る。

正面とうしろ面に屋根を貼って組み立て、
固まるまで待つ。

お菓子の飾り方

お菓子の裏にアイシングを塗って貼る。

グミやクッキーやジェリービーンズやビスケットなど、好きなお菓子を好きなところに貼って、自分だけのお家をつくろう！

市販や手づくりなど、
好きなお菓子を飾ってね。
リボンもアイシングで貼ってね

お菓子例

大きいお家

| 正面 | 右 | 左 | うしろ |

小さいお家

| 正面 | 横 | 正面 | 横 | 正面 | 横 |

お菓子の家の型紙

型紙のつくり方&使い方

定規を使って測りながら紙に描いて、
はさみでカットします。
生地の上にのせて（描いた線が生地につかないように注意！）、
型紙にそってナイフか包丁で一軒につき
2パーツずつカットします。

大きいお家

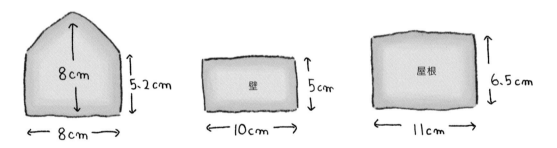

8cm

5.2cm

8cm

壁

5cm

10cm

屋根

6.5cm

11cm

小さいお家

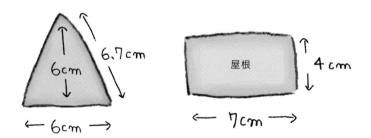

6cm

6.7cm

6cm

屋根

4cm

7cm

ラッピングしてプレゼント！

100円ショップで売っているもので、
かんたんにかわいくラッピングできるよ。

THANK YOU

リボン

なかよく
2ひきずつ〜♪

ワックス
ペーパー

シール

紙パッキン　マスキングテープ

コピー用紙を
ホッチキスでとめて

手描き文字

色つき
クッキングシート

麻ひも

BREAD COOKIES

柄つき
クッキングシート

プラスチックカップ
に入れて。

紙パッキン

ペーパー
ラフィア

麻ひもで結んで

LサイズのOPP袋を切り開いて、くるくると巻いて両脇をリボン結び。

柄つきクッキングシート

OPP袋に入れて穴あけパンチで穴をあけてひもを通したら、クリスマスのオーナメントになるよ。

ラッピングアイデア

クッキーは、透明OPP袋に紙パッキンやかわいい紙と入れて、マステやシールやリボンなどでトッピングします。カップケーキや生チョコタルトなどの立体的なお菓子は、プラカップに紙パッキンを敷いて入れて。ふたにリボンを飾るとかわいいです!

シールを貼ってとリボンを

ランチボックスに好きなお菓子をいっぱい入れて、詰め合わせに!

透明のふただから中が見えてわくわくしちゃう♪

lovely...

マステを貼ってメッセージ

窓のあいた紙袋に入れて。

Part 4

Baked
Sweets

つくってみたい かんたん焼き菓子

プレゼントにもおもてなしにも、
もちろん自分で食べてもOK。
かんたんにつくれる憧れの焼き菓子たちです。

cherry pound cake

さくらんぼパウンドケーキ

そぼくな焼き菓子の
パウンドケーキだけど、
中に入れたチェリーの
ピンクがかわいいの。

つくり方▶p.82

stick
cheese cake

スティックチーズケーキ

パウンド型で焼いたベイクドチーズケーキを
スティック状にカット。

つくり方 ▶ p.84

stick brownie

スティックブラウニー

ナッツをたっぷりのせたブラウニー。
こちらもパウンド型で焼いて、
スティック状にカット！

つくり方 ▶ p.85

victoria cake

ビクトリアケーキ

イギリスのショートケーキといえばこれ。
いちごジャムをはさんだシンプルケーキは、
午後のティータイムのおともに。

つくり方 ▶ p.86

dog cream
cup cake
いぬのカップケーキ

カップケーキを焼いて、
クリームチーズでつくったおいし〜いクリームで
立体的にいぬの顔を絞って。
プレゼントにもぴったり。

つくり方 ▶ p.87

ラッピング アイデア

プラスチックカップに、いぬのカップケーキを入れてリボンをつけて。これなら崩れない！

さくらんぼパウンドケーキ のつくり方 p.75

混ぜて、型に入れて焼くだけ。かんたんに
チェリーのピンクがかわいいパウンドケーキがつくれます。

材料 （20cm×10cmパウンド型1台分）

バター … 90g　※常温にもどす

砂糖 （上白糖）… 90g

溶き卵 … 2個分　※常温にもどす

薄力粉 … 90g

ベーキングパウダー … 5g

缶詰のさくらんぼ … 1缶 （約15個）

準備

・さくらんぼはヘタと種をとり、ペーパータオル
　で軽く水けを拭く。
・パウンド型にクッキングシートを敷く。

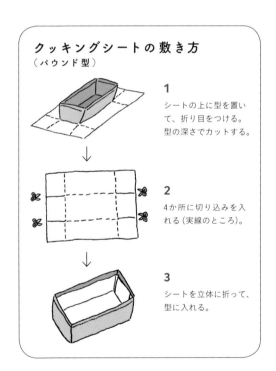

クッキングシートの敷き方
（パウンド型）

1
シートの上に型を置いて、折り目をつける。型の深さでカットする。

2
4か所に切り込みを入れる（実線のところ）。

3
シートを立体に折って、型に入れる。

1/生地をつくる

1

ボウルにバターと砂糖を入れ、泡立て器で混ぜる。

2

1に溶き卵を加え、3回に分けてそのつど泡立て器で混ぜる。

3

2にベーキングパウダーと薄力粉をふるい入れ、ヘラで混ぜる。

4

粉っぽさがなくなってきたら、さくらんぼを加えて混ぜる。

2/型に入れて焼く

1

パウンド型に流し入れ、表面をヘラで整える。

2

パウンド型を台から10cmくらいの高さから2〜3回落として空気を抜く。160℃に予熱したオーブンで30〜35分焼く。

スティックチーズケーキのつくり方 p.76

パウンドケーキの型で焼いたベイクドチーズケーキを
スティック状にカットします。

材料 （20cm×10cmパウンド型1台分・7本）

ビスケット … 100g

溶かしバター … 50g ※耐熱容器に入れ、
　ラップをせずに600Wの電子レンジで40秒加熱

クリームチーズ … 200g ※常温にもどす

砂糖 (上白糖) … 65g

溶き卵 … 1個分 ※常温にもどす

生クリーム … 150g ※常温にもどす

レモン汁 … 10g

薄力粉 … 10g

準備

・パウンド型にクッキングシートを敷く。
　※クッキングシートの敷き方はp.82参照

つくり方

1 ビスケットは細かくくだき、溶かしバターを加えて
混ぜ、パウンド型に平らに敷きつめ、冷蔵庫で冷
やす。※ビスケット台のつくり方は下記参照。

2 ボウルにクリームチーズと砂糖を入れ、泡立て器
で混ぜる。

3 2に溶き卵を2回に分けて加え、そのつど泡立て
器で混ぜる。

4 3に生クリームを加えて泡立て器で混ぜ、レモン
汁を加えて混ぜ、薄力粉をふるい入れて混ぜる。

5 1の型に4を流し入れ、160℃に予熱したオーブ
ンで50分焼く。粗熱がとれたら、型からはずし7
等分にする。

ビスケット台のつくり方

1

めん棒などで細かくくだく。

2

このくらい細かくなるまでくだい
たら溶かしバターを入れて混ぜる。

3

パウンド型にぎゅうぎゅうに敷き
詰める。

冷蔵庫で冷やして固める。

スティックブラウニーのつくり方  `p.77`

チョコレートを溶かして生地をつくります。ナッツをトッピングして
パウンド型で焼き、スティック状にカットします！

材料 （20cm×10cmパウンド型1台分・7本）

チョコレート … 75g

バター … 55g

砂糖（上白糖）… 40g

溶き卵 … 70g　※常温にもどす

薄力粉 … 60g

ココアパウダー … 20g

ミックスナッツ（マカデミアナッツ、
　カシューナッツ、アーモンド、くるみ、
　ひまわりの種など）… 適量

準備

・パウンド型にクッキングシートを敷く。
　※クッキングシートの敷き方はp.82参照

つくり方

1 耐熱ボウルにチョコレートを入れ、ふんわりラッ
プをして600Wの電子レンジで30秒加熱する。

2 別の耐熱ボウルにバターを入れ、600Wの電子レ
ンジで20秒加熱する。

3 **1**に**2**を加えて泡立て器で混ぜ、なめらかになっ
たら、砂糖を加えて混ぜる。

4 溶き卵を加え、混ぜ合わせる。

5 薄力粉とココアパウダーをふるい入れ、ヘラで粉
っぽさがなくなるまで混ぜる。

6 パウンド型に**5**を流し入れ、ミックスナッツを散
らし、160℃に予熱したオーブンで25分焼く。粗
熱がとれたら型からはずし、7等分にする。

ビクトリアケーキ のつくり方 p.78-79

混ぜるだけでできるかんたんケーキ。
ジャムはイチゴジャム以外に好きなものをサンドしてもOKです。

材料 （直径15cm丸型1台分）

バター … 90g ※常温にもどす

砂糖（上白糖）… 90g

溶き卵 … 90g ※常温にもどす

薄力粉 … 90g

ベーキングパウダー … 5g

好みのジャム、粉糖、ホイップクリーム
　… 適量

ドレンチェリー … 5個

準備

・丸型にクッキングシートを敷く。

つくり方

1 ボウルにバターと砂糖を入れ、泡立て器で混ぜる。

2 1に溶き卵を3回に分けて加え、そのつど泡立て器で混ぜる。

3 2に薄力粉とベーキングパウダーをふるい入れ、ヘラで粉っぽさがなくなるまで混ぜる。

4 丸型に3を流し入れ、2〜3回、型を台から10cmくらいの高さから落として空気を抜いて表面を平らに整え、170℃に予熱したオーブンで40〜45分焼く。

5 粗熱がとれたら型からはずし、包丁で厚さを半分に切る。

6 下側のスポンジの上面にジャムを薄く塗り、上側のスポンジをのせ、表面に茶こしなどで粉糖をふる。5か所にホイップクリームを絞り、ドレンチェリーをのせる。

クッキングシートの敷き方（丸型）

1 シートに型の底の形の印をつける。

2 1をカットして、側面用のシートもカット。

3 底と側面にシートを敷く。

いぬのカップケーキ のつくり方 p.80

市販の紙製カップでカップケーキを焼いて、
上にクリームチーズの濃厚ホイップでいぬを絞り出してつくります。

材料 （直径4cm×高さ7cmの
　　　　Sサイズのカップ10個分）

バター … 60g　※常温にもどす

砂糖（上白糖）… 50g

溶き卵 … 1個分　※常温にもどす

薄力粉 … 90g

ベーキングパウダー … 5g

牛乳 … 40g　※常温にもどす

クリームチーズ … 100g　※常温にもどす

粉糖 … 40g

黒いりごま … 少々

つくり方

1 ボウルにバターと砂糖を入れ、泡立て器で混ぜる。

2 **1**に溶き卵を3回に分けて加え、そのつど泡立て器で混ぜる。

3 **2**に薄力粉とベーキングパウダーをふるい入れ、ヘラで粉っぽさがなくなるまで混ぜる。

4 Sサイズのカップケーキ型に**3**を30gずつ入れ、170℃に予熱したオーブンで30分焼き、さます。

5 クリームチーズに粉糖を加え、泡立て器で混ぜクリームチーズホイップをつくる。

 色をつける場合は、粉糖といっしょにココアパウダー、ブラックココアパウダーを適量加える

6 **5**を口金（花形・口径10mm・12切）をつけた絞り袋に入れる。

7 **4**の上に**6**でいぬの形を絞る。※p.88参照。

8 最後に竹串の先を少しぬらしてごまをつけ、目鼻をつける。

クリームチーズホイップのいぬのつくり方

あたまと手と口の絞り方（共通）

1 外側から内側に向け、ぐるりと円を重ねて絞り出し、あたまをつくる。

2 両脇に少し絞って手をつくる。

3 口も同様に2つ絞り出す。

このとき、クリームチーズが出すぎないよう、絞り出したらすぐに手の力を抜く

耳の絞り方

プードル2種

下から上に向けて絞る。（1ぴきは加えて、あたまの上に小さい円を描くように毛を絞る）

テリア

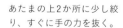

あたまの上2か所に少し絞り、すぐに手の力を抜く。

キャバリア

上から下に向けて波を描くように絞る。

88

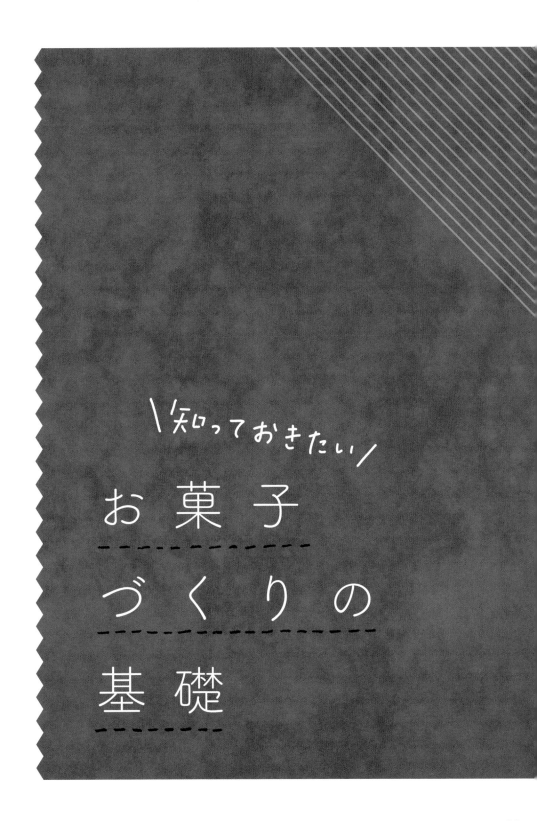

＼知っておきたい／

お菓子
づくりの
基礎

お 菓 子 づ く り の 材 料

この本のクッキーや焼き菓子をつくるのに必要な主な材料を紹介します！

薄力粉

お菓子づくりに使われる小麦粉の一種。ふるって使いましょう。

アーモンドパウダー
（アーモンドプードル）

アーモンドを粉末にしたもの。加えると風味がよく、しっとりと仕上がります。

バター

食塩不使用のものを使用します。

粉糖

この本で一番よく使う砂糖です。きめが細かいので生地に使用すると、焼き上がったときに表面がつるんときれいに仕上がります。

上白糖

いわゆる普通のお砂糖です。この本では焼き菓子に使います。

ココアパウダー・
ブラックココアパウダー

砂糖やミルクが入っていない純粋なココア。ブラックココアはその名のとおり、真っ黒な仕上がりになります。この本では色づけに使います。

ベーキングパウダー

生地を膨らませるための粉。パウンドケーキやビクトリアケーキに使用します。

食紅

食用に使える無害な着色料。ほんのちょっと混ぜて、生地に色をつけます。

卵

この本では全卵を溶き卵にするほか、卵白のみや卵黄のみで使ったりします。

牛乳

生地をなめらかにするために入れます。

ホイップクリーム

植物性脂肪タイプのクリーム。この本では、生チョコタルトやガナッシュなどのように混ぜて使用。

チョコレート

ホワイトとミルクを使用。溶かしてガナッシュにしたりブラウニーの生地に入れたりします。

クリームチーズ

チーズケーキや、いぬのカップケーキのホイップに使います。

ドレンチェリー

さくらんぼを砂糖漬けした、色がきれいなチェリー。

カラースプレー

細い棒状のチョコレート。ドーナツみたいなクッキーのトッピングや雪だるまクッキーの手に。

ミックスゼリー

トッピング用のカラフルな小さいゼリー。

ミニタルト

すでに形になっている市販のタルト台。

お 菓 子 づ く り の 道 具

この本で使用する主な道具を紹介します。

ボウル

生地をつくるときなどに使用。
ガラスでもステンレスでもOK。
何個かあると便利。

粉ふるい

主に薄力粉をふるうときに使用。
お菓子用のふるいがなかったら
目の細かいざるでもOKです。

スケール（はかり）

材料の計量に使います。1g単
位で計れるデジタルが便利。

泡立て器

材料を練ったり、混ぜたりする
ときなどに使用。

ヘラ

粉を混ぜるときに使います。

めん棒

生地を薄くのばします。

竹串

ブラックココアで目鼻を描くとき
など、細かい作業に使用。

クッキングシート

生地がくっつかないように天板に
敷いたり、型に敷いたりします。

ラップ

生地を冷蔵庫や冷凍庫で冷やすと
きに使います。

絞り袋・口金

絞り出しクッキーに使います。口
金は花形を使用します。絞り袋は
ほかに、アイシングにも使います。

パウンド型

パウンドケーキを焼くための型。
この本ではスティックチーズケー
キやブラウニーにも使用。ビクト
リアケーキでは丸型を使用。

紙製カップケーキ型

紙でできたオーブンで使えるカッ
プケーキの型。この本では100円
ショップのSサイズ（底直径4.3×
高さ3.5cm）を使用しています。

この本にでてくる
お菓子づくりの用語の意味

作業

常温にもどす

冷蔵庫から出して、室温において冷たすぎない温度にすること。バターなどは冷蔵庫から出してすぐだと硬くて混ぜにくいので、混ぜやすいやわらかい状態にします。

粉をふるう

粉を混ぜたときダマ（混ざりきらないかたまり）にならないように、ふるいか目の細かいざるに入れて粉をふるって細やかにします。

予熱をする

オーブンで焼くときに、焼きたい温度まで先にあたためておくこと。予熱のときは、天板は出しておきます。

粗熱をとる

焼きたてのケーキを常温まで冷ますことです。手でさわれるくらいになったらOK。

名称

スノーボールクッキー

スペイン発祥のお菓子で、スペインの特産品でもあるアーモンドの粉を混ぜてつくるクッキー。スペインでは「ポルボロン」、フランスでは「ブール・ド・ネージュ」と呼ばれています。
この本の、丸めて形づくるかわいいクッキーたちは全部スノーボールクッキーです。

ガナッシュ

チョコレートに生クリームなどを混ぜ合わせて、用途に合わせた硬さにしたもの。「生チョコ」や「チョコレートクリーム」などになります。この本では、食紅で色をつけてハンバーガーみたいなクッキーのトマト、チーズ、レタスにしています。

フォンダン

フォンダンはフランス語で「とろけるような」「フワフワで溶ける」といった意味があり、「フォンダンショコラ」というと中からとろっと溶けだすチョコレートになります。この本ではマシュマロをやわらかくして「マシュマロフォンダン」をつくります。

アイシング

粉糖と卵白や水を混ぜてペースト状にして、クッキーやケーキなどに塗ったり、模様を描くこと。この本では粉糖と水だけを混ぜてつくります。お菓子の家の組み立てやお菓子を飾る際の食べられる「のり」として使います。